BEI GRIN MACHT SICH IHR
WISSEN BEZAHLT

Bibliografische Information der Deutschen Nationalbibliothek:

Die Deutsche Bibliothek verzeichnet diese Publikation in der Deutschen National-
bibliografie; detaillierte bibliografische Daten sind im Internet über http://dnb.d-
nb.de/ abrufbar.

Impressum:

Copyright © 2015 GRIN Verlag
Druck und Bindung: Books on Demand GmbH, Norderstedt Germany
ISBN: 9783346078025

Dieses Buch bei GRIN:

https://www.grin.com/document/510006

Seyfettin Caglayin

Integration von türkischen Migranten in Deutschland – ein Erfolg?

Gastarbeiter in der Bundesrepublik

GRIN Verlag

GRIN - Your knowledge has value

Der GRIN Verlag publiziert seit 1998 wissenschaftliche Arbeiten von Studenten, Hochschullehrern und anderen Akademikern als eBook und gedrucktes Buch. Die Verlagswebsite www.grin.com ist die ideale Plattform zur Veröffentlichung von Hausarbeiten, Abschlussarbeiten, wissenschaftlichen Aufsätzen, Dissertationen und Fachbüchern.

Besuchen Sie uns im Internet:

http://www.grin.com/

http://www.facebook.com/grincom

http://www.twitter.com/grin_com

Inhaltsverzeichnis

Abbildungsverzeichnis

1 Einleitung

Angekommen in Deutschland als türkischer Gastarbeiter, dass war vor 54 Jahren als die BRD und die Türkei ein Abkommen für die Anwerbung von ausländischen Arbeitnehmern aus Anatolien abgeschlossen hatten. Ein paar Jahre später kam mein Großvater auch nach Deutschland im Rahmen dieses Abkommens um hier etwas Geld zu sparen und sich ein besseres Leben zu ermöglichen. Die Absicht war es innerhalb kürzester Zeit (meist 6 Monate) soviel Geld in Deutschland zu sparen, um beispielsweise mit einem Mercedes nach Hause in die Türkei zu kehren. Jedoch wurde dieser Traum nur bei wenigen türkischen Gastarbeitern wahr. Somit wurde aus einem halben Jahr ein halbes Jahrhundert, das mein Opa in Deutschland verbracht hat. Jedoch stellte sich bei mir nicht nur die Frage ob die Arbeitsmigranten ihre Sparziele verwirklicht haben, sondern ob diese Menschen nach einer gewissen Zeit an Sesshaftigkeit in Deutschland gewonnen haben.

In meiner Seminararbeit „Integration von türkischen Migranten in Deutschland - ein Erfolg?" werde ich einen Einblick über die Migration, der Gastarbeitern in Deutschland und der Integration der türkischen Gastarbeiter in Deutschland schaffen. Ich habe mich mit diesem Thema auseinandergesetzt, weil meine Großeltern selbst türkische Migranten sind, die als Arbeitskräfte nach Deutschland auswanderten sind. Diese Themenbereiche über Migration und Integration interessieren mich sehr aufgrund meiner Herkunft, weshalb ich mir diese Materie als Gegenstand meiner wirtschaftlichen Arbeit gemacht habe. Im ersten Teil der Seminararbeit werde ich über die Migration berichten. Hierbei werde ich die Definition der Migration klarstellen, welche verschiedenen Arten von Wanderung vorhanden sind. Darauf aufbauend werde ich im zweiten Teil meiner Arbeit eine ganz bestimmte Art von Migration näher betrachten. Dazu stelle ich die Gastarbeiter in Deutschland vor. Somit werde ich einen geschichtlichen Überblick von den Gründen der Anwerbung der ausländischen Arbeitnehmer in die Bundesrepublik bis zu den Anlässen des Anwerbestopps der Gastarbeiter geben. Dabei werden ich auch die Anwerbabkommen mit den jeweiligen Ländern und die Folgen des Stopps der Anwerbung in Betracht ziehen.

Schließlich werde ich die Integration betrachten. Zunächst werde ich verschiede Integrationstheorien darstellen. Im späteren Verlauf gehe ich auf die Probleme der Integration bei türkischen Migranten ein.

2 Migration

2.1 Definition

,, ‚Migration' ist ein sehr weitgefasster und komplexer Begriff. Aus dem lateinischen abgeleitet von ‚migratio' bedeutet er Wanderung. Ob bei dieser Wanderung kurze oder nur weite Strecken zurückgelegt werden, ob es einen dauerhaften oder nur temporären Wohnortwechsel gibt oder ob die Wanderung freiwillig oder unfreiwillig erfolgt, ist durch den Begriff der ‚Migration' nicht genau festgelegt."[1]

Sie stellt die Abwanderung von Menschen oder Menschengruppen an einen Ort, in eine Stadt oder in ein Land dar. Aber die Migration legt nicht fest, wie und aus welchen Gründen die Abwanderung stattgefunden hat. Gründe für eine Migration wären z. B. militärische Eroberungen, Flucht, Vertreibung, Versklavung oder die Hoffnung auf eine bessere wirtschaftliche Lebenssituation.

Everett S. Lee sieht die Beweggründe in zwei gegenüber stehenden Faktoren. Der erste ist der Pushfaktor (Druckfaktor), wonach die Auswanderung aus dem Herkunftsland aufgrund von Krieg, Naturkatastrophen, Armut, Todesstrafe oder politischer Verfolgung sinnvoll scheint. Der zweite ist der Pullfaktor (Sogfaktor), bei dem das Zielland für einen auswanderwilligen Menschen anziehend erscheint. Hierbei spielen Faktoren wie eine Chance auf einen besseren Verdienst, bessere Bildungsmöglichkeiten oder das Erlangen der politischen, der sexuellen bzw. der religiösen Freiheit eine entscheidende Rolle.[2]

Aus diesen Gründen haben sich verschiedene Formen von Migration gebildet. Zunächst ist die größte Gruppe die der Asylbewerber. Diese flüchten vor Krieg und Verfolgung aus ihren Herkunfts- oder Heimatsländern, wie auch die aktuelle Lage in Syrien zeigt, wo Menschen aufgrund von religiösen, kriegerischen und politischen Motiven ihre Heimat verlassen und Zuflucht in fremden Ländern suchen. Um den Schutz dieser Menschen zu gewährleisten, legte die Genfer Flüchtlingskonvention fest, dass Menschen nicht in Länder zurückgeschickt werden in denen sie begründete Angst vor Verfolgung wegen ihrer Rasse, Religion, Nationalität,

---

[1]Barner, S. (2007). Arbeitsmigranten und Aussiedler – Integration in Theorie und Praxis. Saarbrücken: VDM Verlag. S. 5.
[2]Vgl. Ebd. S. 9.

Zugehörigkeit zu einer bestimmten sozialen Gruppe oder wegen ihrer politischen Überzeugung haben müssen.[3]

Außerdem gibt es die Arbeitsmigranten. Diese wechseln ihren Wohnort oder ihre Heimat meist um mehr Geld zu verdienen und somit einen höheren Lebensstandard zu erreichen. In den meisten Fällen kommen sie dabei nur für eine bestimmte Zeit oder Saison. Jedoch haben Menschen aus wirtschaftlich schwächeren Ländern wenig Chance auf ein Visum oder eine Arbeitserlaubnis. Deshalb suchen sie Arbeit auf inoffiziellem Wege oder bleiben nach Fristende des Touristenvisums weiterhin im Land. Hierbei spricht man dann von illegaler Migration. Von dieser Art Auswanderung profitieren vor allem die Menschenhändler, indem sie die Flüchtlinge auf unerlaubte Weise in das fremde Land einschleusen. Nicht selten kostet diese Art von „Asyl" den Flüchtlingen das Leben. Die illegal Eingereisten nehmen Arbeiten auf, ohne eine Arbeitserlaubnis zu haben. Davon ziehen meistens Unternehmer einen Nutzen, da sie für die sogenannten Schwarzarbeiter keine Sozialabgaben leistet müssen. Diese Migranten sind gesundheitlich und psychisch am meisten belastet, da sie unter ständiger Gefahr und permanenter Angst vor Entdeckung leben. Eine weitere Variante ist die sogenannte Expertenmigration. Es werden akademisch ausgebildete Menschen aus Entwicklungsländern in Industrieländer angeworben bzw. zwischen Industrieländern ausgetauscht. Diese Art der Migration wird meistens als positiv angesehen. Bei der freiwilligen Migration sind es Gründe wie Heirat, ein Studium im Ausland um beispielsweise Sprachkenntnisse zu verbessern oder Neugier etwas Neues zu entdecken bzw. die Kultur von anderen Ländern kennen zu lernen, die die Menschen dazu anregen ihre Heimat zu verlassen.

3 Gastarbeiter in Deutschland

3.1 Definition

Der Zweite Weltkrieg forderte um die 5 Millionen Opfer in Deutschland. Ebenso lagen die meisten deutschen Städte in Schutt und Asche. Jedoch verzeichnete die BRD 1949 einen wirtschaftlichen Aufschwung. Das Bruttoinlandsprodukt stieg in den Jahren zwischen 1950 bis 1956 um etwa 9,5 Prozent. Die reale Wachstumsrate betrug zwischen 1956 und 1960 jährlich im Durchschnitt 6,6 Prozent. Es wurde viel investiert. Der Marktanteil von deutschen Produkten im Ausland nahm zu. Somit war die Rede von einem Wirtschaftswunder in Deutschland. Folglich herrschte um die 1950er Jahre ein Mangel an Arbeitskräften in Deutschland. Die

---

[3] Vgl. Genfer Flüchtlingskonvention, Artikel 1/A.2.

Zahl der Arbeitsplätze war weit höher, als die Zahl der kaum vorhandenen Arbeitslosen. Außerdem sank die Zahl der Arbeitskräfte aus folgenden Motiven:

- Die tarifliche Arbeitszeit sank zwischen den Jahren 1957 - 1967 von 46,1 Stunden auf 41,6 Stunden in der Woche. Bei gleichem Produktionsoutput konnte dieser Maßnahme nur mit Einstellung neuer Arbeitnehmer entgegen gewirkt werden.
- Die Länge der Lehrzeit wurde verlängert. Dadurch traten die Auszubildenden noch später in das Berufsleben ein
- Der Aufbau der Bundeswehr im Jahr 1955, hatte die Folge, dass ca. 500.000 Wehrpflichtige dem Arbeitsleben entzogen worden sind
- Der Bau der Berliner Mauer im Jahre 1961 verhinderte den Flüchtlingsstrom aus der DDR, welche die Bundesrepublik Deutschland damals sehr gut gebrauchten hätte können.[4]

Der Verknappung von Arbeitskräften in der BRD während des Wirtschaftswunders konnte nur durch die Anwerbung von ausländischen Arbeitskräften aus dem Ausland entgegengewirkt werden. ‚Politische Parteien, Gewerkschaften, Arbeitgeberverbände bis hin zu den Wohlfahrtsverbänden und den Kirchen sahen in der Ausländerbeschäftigung eine mittelfristige notwendige Übergangserscheinung.'[5]

Aus diesen Gründen herrschte ein Arbeitskräftemangel in Deutschland, welcher durch inländische Erwerbspersonen nicht beglichen werden konnte. Das steigende Angebot an Arbeitsplätzen, welche die Unternehmen nicht mit inländischen Arbeitern zu besetzen schafften, konnte nur durch Anwerbung von Gastarbeitern gedeckt werden.

Die Gastarbeiter sind Arbeitsmigranten, welche für eine befristete Zeit in der Bundesrepublik Deutschland (BRD) und der Deutschen Demokratischen Republik (DDR) eine Arbeitserlaubnis erhielten. Aufgrund der Tatsache, dass Deutschland ein wirtschaftlich starkes Land ist, schien es attraktiv für junge Menschen, in diesem Land arbeiten zu wollen. Die jungen Gastarbeiter kamen meistens aus ländlichen Gebieten, in denen eine enorme Arbeitslosigkeit herrschte. Das erste Abkommen über die „Anwerbung und Vermittlung italienischer Arbeitskräfte für die deutsche Wirtschaft" wurde mit Italien am 20.Dezember 1955 abgeschlossen.

---

[4]Karakaya, R. 2012. Integrationsprobleme türkischer Migranten in Deutschland. Mus/Türkei. S. 14f.
[5]Vgl. Ebd. S. 16.

Diese Anwerbeabkommen regelten das Entsenden von Gastarbeitern nach Deutschland. Es folgten weitere Anwerbeabkommen:

1960: mit Spanien und Griechenland

1961: mit der Türkei

1963: mit Marokko

1964: mit Portugal

1965: mit Tunesien

1968: mit Jugoslawien

Die BRD richtete ca. 500-600 Gastarbeitervermittlungsbüros in den jeweiligen Anwerbeländern ein, durch die Arbeitskräfte nach Deutschland vermittelt wurden. Innerhalb von 5 Jahren, und zwar von 1955 bis 1960, stieg die Zahl der ausländischen Arbeitnehmer stetig von 79.700 auf 280.00 an.[6]

„In den 1960er Jahren arbeiteten 90% der ausländischen Männer als gewerbliche Arbeitnehmer. Unter den Deutschen lag der Wert bei 49%. Ausländer waren vor allem in gering qualifizierten Tätigkeiten beschäftigt. So arbeiteten 1966 72% aller ausländischen Arbeiter als an- oder ungelernte Arbeiter. Die höchsten Ausländerquoten gab es im Baugewerbe, in der Eisen- und Metall verarbeitenden Industrie, sowie im Bergbau."[7]

„Die Einreise in das frühere Bundesgebiet zur Arbeitsaufnahme, der Nachzug von Familienangehörigen und der hohe Geburtenüberschuss der ausländischen Bevölkerung im früheren Bundesgebiet führten innerhalb eines Jahrzehnts zu einem Anstieg der Zahl der ausländischen Bürgerinnen und Bürger von 686 000 (1961) um nahezu 2,8 Mill. auf 3,4 Mill. (1971). Ihr Anteil an der Gesamtbevölkerung erhöhte sich im gleichen Zeitraum von 1,2 auf 5,6 %."[8]

3.1.1 Anwerbestopp

„Durch den 1973 erlassenen Anwerbestopp wurde einerseits die Einreise in das Bundesgebiet zum Zwecke der Arbeitsaufnahme weitgehend unterbunden - das war die

---

[6]Karakaya, R. 2012. Integrationsprobleme türkischer Migranten in Deutschland. Mus/Türkei. S. 17
[7]DGB Bildungswerk e.V. / Bereich Migration & Gleichberechtigung am 24.08.2015 von http://www.migration-online.de/migstat/view._aWQ9MjI0_.html
[8]Statistisches Bundesamt, Wiesbaden, Gustav-Stresemann-Ring 11 (1995). Im Blickpunkt: Ausländische Bevölkerung in Deutschland. Stuttgart: Metzler-Poeschel. S. 8

Hauptursache für den Rückgang in den Jahren 1975/77 -, andererseits jedoch die Familienzusammenführung gefördert."[9]

Mit dem Einbruch der Ölkrise im November 1973 und der dadurch resultierenden Ölpreiserhöhung verzeichnete Deutschland eine wirtschaftliche Rezession. In Folge dessen beschloss die Bundesregierung im November 1973 einen Anwerbestopp für ausländische Arbeitnehmer außerhalb der Europäischen Gemeinschaft zu erlassen. Dadurch sollte erreicht werden, dass die bestehenden Arbeitsstellen gesichert sind. Ebenso sollte die Anzahl der in Deutschland lebenden Arbeitnehmer reduziert werden. Dieses Ziel wurde nicht erreicht. Erreicht wurde, dass die Zahl der ausländischen Erwerbstätigen in Deutschland sank, jedoch gab es einen hohen Familiennachzug. Zugleich wiesen die Migranten eine höhere Geburtenrate auf, wodurch die Zahl der Ausländer in Deutschland auch beträchtlich vermehrte wurde.

„Arbeitsmigration - sei sie national oder international - findet in der Regel dann statt, wenn erstens der Nachfrage an Arbeitskräften in einer Region ein zu geringes Angebot gegenüber-steht, wenn zweitens entweder keine Möglichkeit oder keine Neigung auf Seiten der Wirtschaft besteht, den Bedarf an Arbeitskräften durch Produktivitätssteigerung bzw. Rationalisierung zu reduzieren, und drittens in einer anderen Region mehr Arbeitsfähige als Arbeitsplätze vorhanden sind"[10]

Diese Art der Migration ist die zweitwichtigste nach dem Familiennachzug. Hierbei kommen ungelernte, gelernte, hochqualifizierte Arbeitskräfte sowie Akademiker in die wirtschaftlich starken Länder, um permanent oder auf eine bestimmte Dauer beschäftigt zu werden. In der Regel jedoch kommen ungelernte Arbeitskräfte für eine bestimmte Zeit/Saison, um die Arbeiten zu erledigen die von den einheimischen Arbeitskräften nicht in Anspruch genommen werden, da sie als zu schwer, zu unansehlich oder zu riskant empfunden werden oder einen zu schlechten Verdienst aufweisen.

3.1.2   Die türkischen Arbeitsmigranten

Die Migranten aus der Türkei bilden den Größten ausländischen Bevölkerungsanteil in Deutschland. Die nachfolgende Abbildung zeigt die Anzahl der in der Bundesrepublik lebenden Einwanderer aus verschieden Ländern. Die Anzahl der türkischen Einwanderer liegt bei ca. 2,5 Millionen.

---

[9]Statistisches Bundesamt, Wiesbaden, Gustav-Stresemann-Ring 11 (1995). Im Blickpunkt: Ausländische Bevölkerung in Deutschland. Stuttgart: Metzler-Poeschel. S. 8.
[10]Hoffmann-Nowotny, Hans-Joachim (1973). Soziologie des Fremdarbeiterproblems. Stuttgart: Enke. S. 22.

Abbildung 1: Migranten in Deutschland (Die Abbildung wurde aus urheberrechtlichen Gründen von der Redaktion entfernt)
Quelle: http://wahrheitskrieg.blogspot.de/2012/02 geburtenzahlen-von- turken-in.html

Schon im Jahre 1912 lebten in etwa 1350 Türken in Berlin, 4 Jahre später wurde eine Ausbildungsvereinbarung zwischen beiden Staatsmächten abgeschlossen. Dadurch kamen 1 Jahr später 750 jugendliche Türken nach Berlin. Ebenso suchten während der NS-Zeit viele Deutsche in der Türkei Asyl.[11]

Der Aufbruch der Wirtschaft führte dazu, die Freundschaft beider Staaten zu beleben und die ersten Zuwanderer kamen 1957 als Gastarbeiter nach Deutschland. 1961 (31. Oktober) war das Jahr, in dem das Anwerbeabkommen zwischen Deutschland und der Türkei abgeschlossen worden ist, was einen enormen Zuwanderungsfluss von Arbeitern aus der Türkei nach Deutschland hervorbrachte.[12]

„Die Migration von Türken kann mit einem Zusammenspiel von Push- und Pull-Faktoren als Ursache begründet werden. Durch neue Bedingen in der Landarbeit wurden Arbeitsplätze für die Landbevölkerung in der Türkei immer knapper."[13] Durch Rationalisierungsmaßnahmen in der Landarbeit erlebten die Kleinbauern harte Zeiten. Dies war der Auslöser für eine Binnenmigration. Dadurch flüchteten viele junge Menschen, vor allem aus der Schwarzmeerregion (Black Sea), Zentral- (Central Anatolia), Südost- und Ostanatolien (Southeastern- and Eastern Anatolia). Diese waren am meisten von der Armut betroffen. Ein Großteil wanderte in den westlichen Teil der Türkei, in Großstädte wie z.B. Istanbul oder Bursa. Die Marmara Region (Sea of Marmara) zeigte einen deutlichen Aufschwung in der Wirtschaft, der für die Jungen Arbeiternehmer attraktiv gewertet wurde. [14]

Abbildung 2: Landkarte Türkei mit Regionen (Die Abbildung wurde aus urheberrechtlichen Gründen von der Redaktion entfernt)
Quelle: www.dictionarybank.com/tuerkei-karte-2/

Etliche junge Menschen aus den Armutsregionen der Türkei konnten nicht mehr in Istanbul aufgenommen werden. Während noch im Jahre 1961 die Einwohnerzahl von Istanbul noch 1,4 Millionen Menschen betrug, verzeichnete es 31 Jahre später eine Bevölkerungszahl von

---

[11]Barner, S. (2007). Arbeitsmigranten und Aussiedler – Integration in Theorie und Praxis. Saarbrücken: VDM Verlag. S. 17.

[12]Vgl. Ebd. S. 17.
[13]Vgl. Ebd. S. 17.
[14]Vgl. Ebd. S. 18.

10,7 Millionen Menschen was knapp das 7-fache an Zuwachs bedeutet. Jedoch kam die BRD zu Hilfe, welche mit dem Anwerbeabkommen einen Ausweg für die noch übrig gebliebenen jungen Türken mit der Möglichkeit einer Erwerbstätigkeit in Deutschland anbot.[15] Durch das Anwerbeabkommen stieg die Anzahl der in Deutschland lebenden Türken Jahr für Jahr an. 1960 waren es noch 2.700 Türken und 1965 schon 132.800. Über eine Million türkischer Migranten lebten ab 1975 in Deutschland.[16]

Die Migration von türkischen Gastarbeitern stagnierte im Jahr 1973 in Folge des Anwerbe-stopps, jedoch nur bis zum Jahr 1976, aufgrund dessen, dass die Unternehmen nicht bereit waren gerade angelernte Arbeitnehmer durch ungelernte zu ersetzen. Auch erkannten die jungen Türken, dass sich innerhalb der kurzen Aufenthaltszeit nicht das gewünschte Kapital für eine Existenzgründung in der Türkei ansparen ließ. In Folge dessen nutzten viele Arbeitnehmer ihr Recht auf die Familienzusammenführung, indem sie ihre Familien aus der Türkei nach Deutschland brachten.[17] In den Jahren „[...] 1983 und 1985 ging die Zahl der Türken erstmals zurück. Sie sank von 1.552.300 (1983) auf 1.400.400 (1985).Seit diesem Zeitpunkt ist ein erneuter Zuwanderungsanstieg zu verzeichnen."[18] Die Feststellung der Zahl der türkischen Migranten ist seit 25 Jahren nicht mehr genau möglich, da viele der Migranten einge-bürgert worden sind und somit statistisch gesehen unter die deutsche Bevölkerung fallen. Eine Erforschung der Integration von Migranten ist somit nicht mehr genau zu bestimmen, da die Einbürgerung nicht gleich einer erfolgreichen Integration anzusehen ist.[19]

3.2 Anwerbeabkommen der Arbeitsmigranten

„Die Arbeitsmigration ist nach dem Familiennachzug die zweitwichtigste Wanderungs-form. Sie tritt in unterschiedlichen Formen auf. Arbeitsmigranten kommen als ungelern-te oder qualifizierte Arbeitskräfte, hochqualifizierte Techniker, Wissenschaftler oder Manager in die Industrienationen, um dort dauerhaft oder befristet beschäftigt zu wer-den."[20]

Das erste Anwerbeabkommen schloss die Bundesrepublik Deutschland mit Italien ab.

---

[15] Vgl. Ebd. S. 18.
[16] Vgl. Ebd. S. 19.
[17] Vgl. Ebd. S. 19.
[18] Vgl. Ebd. S. 19.
[19] Vgl. Ebd. S. 19.
[20] Ebd. S. 13.

In Deutschland strebte man befristete Arbeitsverträge mit den jungen Gastarbeitern abzu-schließen. Die Regierung war bestrebt nach dem Rotationsprinzip zu handeln.

Das Rotationsprinzip sollte dazu dienen, dass die Gastarbeiter nach einer bestimmten Zeit wieder in ihre Heimat zurückkehren, jedoch legte sie nicht fest ob die Arbeitsverträge befris-tet oder unbefristet gelten sollten. Um diesen Entwicklungen entgegenzuwirken, hätte man die Abkommen detailierter gestalten müssen. Es war auch möglich die Familie nachzuholen. Die Unternehmen kritisierten weitestgehend dieses Prinzip, da sie immer wieder neue Arbeiter einstellen und diese somit neu anlernen mussten. Durch den Druck der Arbeitgeber und der Gewerkschaften, blieb das Rotationsmodell aus, welches auch mitunter den Familiennachzug erklärt, da sich viele der Arbeitsmigranten auf unbestimmte Zeit in Deutschland niedergelas-sen haben.

4 Integration

Aus dem „lateinische[n] Wort ‚integratio' " kann man die Bedeutung „ ‚Wiederherstellung oder die Erneuerung eines Ganzen' bzw. „ ‚Einbeziehung in ein größeres Ganzes' " ablei-ten.[21]

Die Integration ist der wichtigste Aspekt bei der Migration, nach dem sich die Aussiedler in dem jeweiligen Einwanderungsland sesshaft machen. Sie entsteht durch die Erlernung der Sprache, der Identifizierung mit dem jeweiligen Land, dem Erwerb einer Arbeitstätigkeit und der Eingliederung in das tägliche Geschehen mit den dazugehörigen Lebensstandard des Mig-rationslandes. Jedoch funktioniert eine gute Integration nur dann, wenn sie vom Migranten und vom jeweiligen Staat erwünscht und erstrebt wird. So müssen die Migranten bereit sein sich zu integrieren und der Staat muss bestrebt sein diese Eingliederung zu fördern, indem er den Migranten Sprachkurse bietet, die einen Schwerpunkt auf die Kultur, die Umgangsformen und die Verfassung legt und die Gesetze sowie den Alltag des Migrationslandes schult mit dem Ziel den Aussiedlern ein besseres und leichteres Leben zu ermöglichen.

4.1 Integrationstheorien

Milton M. Gordon betrachtet in seiner Theorie zwei wesentliche Integrationsaspekte, die Ak-kulturation und die Assimilation. Bei einer Vermischung von verschiedenen Menschengrup-pen aus verschiedenen Kulturen spricht man von einer Akkulturation. Nach ihr wird das kul-

---

[21]Barner, S. (2007). Arbeitsmigranten und Aussiedler – Integration in Theorie und Praxis. Saarbrücken: VDM Verlag Dr. Müller. S. 30.

turelle Verhalten von einer der beiden Gruppen verändert, da sie durch die andere Gruppe beeinträchtigt wird. Die Akkulturation beschreibt die Stärke der strukturellen Vermischung und den Grad der sozialen Kontakte zwischen beiden Parteien nicht. Die Assimilation hingegen beschreibt dies. Das Prinzip der Assimilation formuliert das Vereinen von verschiedenen Einheiten. Somit werden Erinnerungen, Meinungen und Einstellungen aller anderen Gruppen angeeignet, Erfahrungen und die Geschichte zu einem Gemeinsamen zusammengeführt. Gordon erläutert, dass eine Integration nur dann möglich ist, wenn beide Gruppen ihre Ängste und Vorurteile ablegen und eine soziale Interaktion zwischen beiden erfolgt.[22]

Shmuel N. Eisenstadt stellt 4 Integrationsarten dar. Die adaptive Integration stellt die soziale Kontaktknüpfung mit Einheimischen dar. Dies hat das Ziel, eine positive Identifikation mit den Strukturen und Werten der Aufnahmegesellschaft zu erreichen. In der instrumentalen Integration nehmen Migranten wirtschaftliche Tätigkeiten im ersten Abschnitt der Migration an. Dabei ist es wichtig, die Bedürfnisse der Aufnahmegesellschaft bei der Verteilung der Rollen im Wirtschaftsbereich zu bedenken. Jedoch wird dies meist nicht beachtet. Deshalb ist diese Art von Integration als instrumental bzw. zweckorientiert anzusehen. Die solidarische Integration erläutert die Identifikation der Aussiedler mit den Einheimischen. Dies bewirkt ein Zugehörigkeitsgefühl und Motivation bei den Migranten. Das Festhalten an den eigenen kulturellen Werten oder der Versuch die eigenen Werte an die Aufnahmegesellschaft weiterzugeben, verlangsamt diesen Prozess der Identifizierung und Solidarisierung. Um dies zu umgehen und zu erleichtern ist es erforderlich, Gemeinsamkeiten beider zum Teil sehr unterschiedlichen, Gruppen zu finden. So wird es den Migranten erleichtert sich in der neuen Gesellschaft zu orientieren und sich zu integrieren. Unentbehrlich für diese Vorgehensweise ist der Wille beider Parteien für die interethnische Verständigung. Die kulturelle Integration ist die Eignung von emotionalen Ausdrucksarten und Symbolen. Sie sind wesentlich für die Identifikation und Solidarisierung in der Aufnahmegesellschaft.[23]

4.2 Integrationsprobleme von türkischen Migranten

„Die Menschen aus den westlichen Industrieländern sind nach allen Erkenntnissen in Deutschland am besten integriert."[24] Menschen aus der Schweiz, Österreich, Belgien, Niederlande, Großbritannien, Frankreich und den USA sind rechtlich auch Ausländer, jedoch bilden

---

[22]Ebd. S.32.
[23]Ebd. S.33f.
[24]Karakaya, R. 2012. Integrationsprobleme türkischer Migranten in Deutschland. Mus/Türkei. S. 43

diese die ‚Migrantenelite'. Diese Migranten sind im Schnitt schulisch und beruflich besser gebildet als die Deutschen, daher ist ihre Beschäftigungsmöglichkeit auch entsprechend gut.[25]

Menschen mit Migrationshintergrund aus den Ländern wie Spanien, Griechenland, Italien und Portugal sind ebenfalls sehr gut integriert. Wenn man über Probleme bei der Integration spricht, denkt man an Migranten aus der Türkei, an Aussiedler aus Afrika bzw. an Einwanderer aus dem Nahen Osten. Im Augenmerk hierbei stehen vor allem die türkischen Migranten. Sie bilden wie bereits erwähnt die größte ausländische Bevölkerung in Deutschland, mit ca. 2,8 Millionen Menschen. Diese Volksgruppe weist in allen Bereichen des sozialen Alltags die schlechtesten Integrationswerte aus und gilt in der BRD als hauptsächlich schwer integrierbar.[26]

Im Fokus stehen hierbei nicht die türkischen Migranten, die ihren Beruf ausüben, ihren Kindern die Bildung ermöglichen und ihre Steuern und Sozialversicherungsbeiträge zahlen. Diese werden in der deutschen Gesellschaft als vollkommen integriert betrachtet, da sie wie die einheimischen Bürger als tragende Säulen der Bundesrepublik angesehen werden. In diesem Punkt geht es eher um die türkischen Migranten, die seit etlichen Jahren in Deutschland leben, aber sich schlecht bzw. nur teilweise integriert haben. Hierbei geht es um diejenigen, welche z. B. mit der Kriminalität, dem Ehrenmord, der Zwangsheirat oder der illegalen Zuwanderung in Zusammenhang gebracht werden. [27]

„Von einer erfolgreichen Integration kann man nur dann sprechen, wenn sich die Migranten in allen Bereichen des gesellschaftlichen Lebens durchschnittlich etwa den Werten der Einheimischen annähern."[28] Die türkischen Migranten sind aber in fast allen Bereichen noch weit davon entfernt. Auffallend hierbei ist, dass der Fortschritt der Integration nahezu immer auf konstant tiefem Wert bleibt, aufgrund dessen, dass ein bestimmter Teil der türkischen Migranten sich bewusst nicht integrieren möchte.[29]

Integrationsprobleme von türkischen Migranten können wir in verschiedenen Bereichen beobachten. Einige werden nun im Folgenden geschildert.

---

[25]Vgl. Ebd.
[26]Vgl. Ebd. S. 44.
[27]Vgl. Ebd.
[28]Vgl. Ebd.
[29]Vgl. Ebd.

4.2.1 Wohnsituation

Zu Beginn der Migration wurden die türkischen Gastarbeiter in Arbeiterwohnheimen unter-
gebracht, jedoch verlor diese Art der Wohngemeinschaft mit dem Nachzug der Familienangehörigen im Jahr 1973 an Wert. Somit suchten sich die türkischen Migranten ‚normale' Wohnungen. Jedoch hatten sie Schwierigkeiten eine Wohnung mit deutschen Nachbarn, von priva-
ten Anbietern oder von Wohnungsgesellschaften, zu bekommen. Deshalb mieteten sich die
Türken besonders billige Wohnungen an, die meistens in der Nähe von Fabriken oder in den
Sanierungsgebieten lagen. Dem Zufluss der Migranten in diese Stadtviertel folgte der Umzug
der Deutschen aus diesen Wohngebieten. Die freien Wohnungen der Deutschen wurden dann
von weiteren Migranten besetzt. Es folgte eine Konzentration von türkischen Migranten auf
bestimmte Viertel. Dies führte dazu, dass einige Stadtteile z.B. als „ ‚Klein-Istanbul' " oder „
‚Klein-Türkei' " bezeichnet wurden.[30]

Hierbei kann man eine Segregation der Migranten feststellen, welche dann die Entstehung
von ‚Ghettos' oder ‚Parallelgesellschaften' erklärt. [31] „ ‚Als Segregation wird die ungleiche
Verteilung von Bevölkerungsgruppen bezeichnet.' "[32]

4.2.2 Sprache, Bildung und Erwerbstätigkeit

Eine erfolgreiche schulische Bildung und das Erlernen eines Berufes sind wichtige Faktoren
für die erfolgreiche Teilnahme an der Gesellschaft. Dies scheitert bei türkischen Migranten
an sprachlichen Barrieren. In Stadtvierteln mit einem hohen Ausländeranteil ist es für Kinder
die zu Hause kein Deutsch sprechen, kaum möglich die deutsche Sprache zu erlernen, da sie
im Kindergarten, in denen der Anteil an Migrantenkinder sehr hoch ist, auch kein Deutsch mit
den anderen Kindern sprechen. Deshalb werden viele Migrantenkinder bei der Einschulung
entweder zurückgestuft oder auf eine Förderschule geschickt. Diese Kinder haben schon vor
Beginn der Grundschule kaum Bildungschancen. [33]

Die Chancen auf die Bildung können von weiteren 3 Risikofaktoren beeinträchtigt werden:

- soziales Risiko: liegt vor wenn die Eltern der Kindern Arbeitslos sind
- finanzielles Risiko: liegt vor, wenn die Eltern über ein geringes Einkommen verfügen

---

[30]Vgl. Ebd. S. 53f.
[31]Vgl. Ebd. S. 55.
[32]Vgl. Ebd.
[33]Vgl. Ebd. S. 59 ff.

- Risiko der Bildungsferne: liegt vor, wenn die Eltern der Kinder und Jugendlichen ein geringes Bildungsniveau aufweisen

Der Großteil der türkischen Kinder und Jugendlichen sind von allen drei Faktoren gleichzeitig betroffen.[34]

Die schlechten Sprachkenntnisse können in den zukünftigen Lebensabschnitten der türkischen Jugendlichen nur schwer verbessert werden. In den Bildungseinrichtungen wie Kindergarten und Schule, kann nicht alles aufgeholt werden, was im Elternhaus vernachlässigt wird. Um in eine erfolgreiche berufliche Zukunft zu blicken ist ein Schulabschluss vonnöten.[35]

Genauso schwierig gestaltet sich die Lage der türkischen Migranten auf dem Arbeitsmarkt. Die Migranten können ihren Mangel an Bildung im Erwerbsleben nicht mehr ausgleichen. Die Quote der Arbeitslosigkeit ist bei den türkischen Migranten vergleichsweise viel höher als im Bundesdurchschnitt.[36]

4.2.3 Religion

„In Deutschland leben mittlerweile bestimmte Migrantengruppen oder religiöse Gemeinden von der deutschen Gesellschaft abgeschottet in den so genannten ‚Parallelgesellschaften'. Solche Strukturen werden eher mit den muslimischen Bevölkerungsgruppen bzw. mit den türkischen Migranten gleichgesetzt."[37]

In der Gesellschaft wird meistens davon ausgegangen, dass die Probleme der Integration von türkischen Migranten in einer engen Beziehung zu deren Religion stehen.

Anschläge, die unter dem Deckmantel des Islam weltweit ausgeübt werden, lassen in Deutschland immer mehr eine Verbindung zwischen den Integrationsproblemen der türkischen Migranten mit deren Religion zu.[38]

4.2.4 Rückkehrabsichten und Verbundenheit zur Heimat

„Zu Beginn der Migration aus der Türkei gingen sowohl die türkischen Migranten als auch die Bundesregierung von einem zeitlich begrenzten Aufenthalt aus. Deutschland sei,

---

[34]Vgl. Ebd. S. 63.
[35]Vgl. Ebd. S. 72.
[36]Vgl. Ebd. S. 82.
[37]Vgl. Ebd. S. 110.
[38]Vgl. Ebd.

13

so war jahrelang die Annahme der Bundesregierungen, kein Einwanderungsland. Die türkischen Arbeitskräfte seien nur für einen vorübergehenden Aufenthalt in Deutschland."[39]

Um ein entsprechend guten Verdienst zu erhalten, haben die Migranten aus der Türkei auch
sehr schwere Arbeitsbedingungen in Kauf genommen. Die Familienmitglieder sind zunächst
in der Türkei geblieben, da die Lebensunterhaltskosten in der Heimat wesentlich geringer sind
als in der BRD. Somit kamen meist junge Erwachsene männliche Arbeitnehmer zwischen 20
und 40 Jahren, welche sehr sparsam lebten um einen möglichst hohen Anteil ihres Gehaltes an
ihre Familie zu schicken.[40]

Die Heimatverbundenheit und die Rückkehrabsichten der türkischen Migranten muss in zwei
Aspekten betrachtet werden. Zunächst die Absichten der ersten türkischen Generation: Diese
Gruppe hatte die Absicht in die Türkei zurückzukehren sobald sie ihre Sparziele erreicht haben. Jedoch ist die in den letzten Jahren zunehmende Anzahl an älteren Türken in der Deutschengesellschaft ein Beweis dafür, dass diese Absichten nicht mit der Realität übereinstim-
men. Die Absichten der zweiten und dritten türkischen Generation zeigt ein anderes Bild. Die
Rückkehrabsichten und die Heimatverbundenheit dieser beiden Generationen sind weitestgehend gesunken. Die meisten Angehörigen der dritten Generation sind in der BRD geboren
und aufgewachsen. Diese sehen Deutschland als ihre Heimat und haben auch nicht vor die
Bundesrepublik zu verlassen.[41]

5 Schluss

Die Beantwortung der Themenfrage, ob die Integration von türkischen Migranten ein Erfolg
geworden ist, folgt in diesem Kapitel. Die Integration von Einwanderern im Allgemeinen
kann in zwei Perspektiven beurteilt werden. Zunächst durch wissenschaftliche Fakten und
Zahlen, welche Auskunft darüber geben, ob sich eine Personengruppe in einer Gesellschaft
heimisch fühlt, was nur dadurch bemessen werden kann, indem man eine kollektive Sichtwei-
se anwendet, d.h. man beurteilt die Situation in verschiedenen Lebensbereichen von Immig-
ranten. Im Kontrast dazu, welches für mich persönlich der wichtigste Aspekt steht, stellt die
Beurteilung der Integration von jedem individuellen Einwanderer. Dies stellt näher dar, ob
sich ein Migrant auch integriert in der Gesellschaft fühlt, wobei es nahezu nicht möglich ist,
dies mit wissenschaftlichen Auswertungen zu beurteilen.

---

[39]Vgl. Ebd. S. 111.
[40]Vgl. Ebd.
[41]Vgl. Ebd. S. 119.

14

Eine vollständige Integration wird meiner Meinung nach als eine komplette Eingliederung eines Individuums in ein größeres Ganzes gesehen. Jedoch spricht man dann auch hier von der Assimilation, wonach man die eigenen ethnischen Werte, gegen die der in der Integrationsgesellschaft herrschenden Kultur eintauscht. Ich selber sehe meine Integration in der Deutschengesellschaft nur als teilweise, jedoch würde ein Außenstehender mich als komplett integriert bezeichnen, da ich der deutschen Sprache genauso wie ein Muttersprachler mächtig bin, bzw. ich nahezu alle kulturellen Werte der Deutschen kenne und mich dem auch anpasse, wenn es nötig ist. Ebenso behalte ich auch meinen eigenen kulturellen Hintergrund bei, wodurch im Resultat eine etwas andere, separate Kultur entsteht, welche nicht exakt mit der deutschen und nicht akkurat mit der türkischen Kultur übereinstimmt. Jedoch habe ich manchmal die Gedanken, dass ich mich hier nicht wohl fühle, mangelnden Akzeptanz gegenüber meiner Religion in der Bundesrepublik. Der Islam ist in Deutschland mit 4 Millionen Anhängern vertreten, trotzdem wird er meiner Meinung nach von einem Anteil der Bevölkerung nicht akzeptiert und als Religion des Terrors angesehen. Viele Menschen verstehen die Rolle der Muslime in der Gesellschaft nicht und verbinden die Muslime mit Radikalismus und Terrorismus. Menschen wie ich, die ihren Glauben und ihre traditionellen Werte auch in ihrer primären Heimat Deutschland ausleben möchten, werden meines Erachtens nur teilweise akzeptiert. Einige Menschen wissen leider auch nicht, dass Türken wie ich auch in Deutschland geboren sind und auch ein Teil der Deutschen Gesellschaft und deren Kultur sind.

Es ist nahezu unmöglich eine Kernaussage über den Erfolg der Integration von türkischen Migranten in Deutschland zu machen, da es sehr schwer ist dies zu messen. Es gibt keine Skala bei der es sich ablesen lässt, wie sehr ein Türke integriert ist. Es gibt türkische Migranten die sehr integriert sind und ihr Leben in Deutschland ohne jegliche Bedenken und negativen Gedanken genießen. Die ihre tägliche Arbeit verrichten und ihre Steuern bezahlen zudem der Deutschen Sprache mächtig sind. Im Gegensatz dazu gibt es auch Türken, die eben sich bewusst oder unbewusst gegen eine Integration stellen. Hierbei spielt natürlich das Umfeld, die Familie, die Freunde und das alltägliche Leben des Migranten eine relevante Rolle. Vollkommene Akzeptanz und Integration seitens der deutschen Bevölkerung und der türkischen Migranten gegenüber der Eingliederung der Türken in Deutschland kann nur im Einzelfall beurteilt werden.

Literaturverzeichnis

Barner, Svenja. *Arbeitsmigranten und Aussiedler.* Saarbrücken: VDM Verlag Dr. Müller, 2007.

Hoffmann-Nowotny. *Soziologie des Fremdarbeiterproblems.* Stuttgart: Enke, 1973.

Karakaya, Rufai. Integrationsprobleme türkischer Migranten in Deutschland. Mus/Türkei, 2012

Statistisches Bundesamt, Wiesbaden. Im Blickpunkt: Ausländische Bevölkerung in Deutschland. Stuttgart: Metzler-Poeschel, 1995

Internetverzeichnis

DGB Bildungswerk e.V. / Bereich Migration & Gleichberechtigung am 11.01.2016 von http://www.migration-online.de/migstat/view._aWQ9MjI0_.html

Anhang

Genfer Flüchtlingskonvention und New Yorker Protokoll

BEI GRIN MACHT SICH IHR
WISSEN BEZAHLT

- Wir veröffentlichen Ihre Hausarbeit,
  Bachelor- und Masterarbeit

- Ihr eigenes eBook und Buch -
  weltweit in allen wichtigen Shops

- Verdienen Sie an jedem Verkauf

Jetzt bei www.GRIN.com hochladen
und kostenlos publizieren